ANNE MAIER-SCHÄFER

IM WINTER BLÜTEN SEHEN

Anfangen
immer wieder
neu ...
beginnen!

Ihre
Anne Maier-Schäfer
Juli 1997

ANNE MAIER-SCHÄFER

Im Winter Blüten sehen

LIEBESGEDICHTE

NICHT NUR FÜR JUNGE LEUTE

EPPE

VERLAG WILFRIED EPPE · BERGATREUTE

Die Deutsche Bibliothek – CIP-Einheitsaufnahme

Maier-Schäfer, Anne:
Im Winter Blüten sehen :
Liebesgedichte nicht nur für junge Leute /
Anne Maier-Schäfer. –

2. Aufl. – Bergatreute : Eppe, 1995

ISBN 3-89089-211-6

2. Auflage 1995

Zeichnungen: Anne Maier-Schäfer, Kisslegg
Gestaltung, Satz und Reproduktion:
Wilfried Eppe, Bergatreute
Buchbinderische Verarbeitung:
Großbuchbinderei Moser, Ravensburg-Schmalegg

ISBN 3-89089-211-6

FÜR MARGRET

JUNI 1987

6

Inhaltsverzeichnis

9 Vorwort
13 Was ist Glück?
14 In der Sekunde
15 Umsonst
16 In mir weint es
17 Erwartung
20 Lebenshunger
21 Tränen aus Liebe
22 Weh' mir
23 Immer wieder
24 Unverhofft
25 Warum
26 Es gibt Liebe
28 Eines steht fest
29 Warten
30 Umsonst
31 Beschütze mich!
32 Weinen möcht ich
33 Schlaf deckt zu
36 Ich lebe
37 Warum sind mir die Tränen so nah
38 Warten
39 Ich liebe dich
40 Spontan
41 Hinter Mauern
44 Kennst Du des Lebens Überraschungen?
45 Ich liebe dich

46 Der Tag
47 Wege
48 Liebe kann wehtun
49 Begegnung
50 Spuren
52 Hoffen
53 Wenn Du mich anschaust
54 Die Enttäuschung
55 Unentwegt
56 Dieses Sehnen
57 Was bleibt mit heut?
58 Verdorrt
60 Teil meines Lebens
61 Weißt Du?
62 Leben umfängt uns
63 Das Spiel ist aus!
64 Nicht so
65 Verlangen nach Liebe
66 Nachher
68 Traurigkeit
69 Ich denk an Dich
70 Verwundungen
71 Berühr mich nicht!
72 Gestern
73 Ich bin nicht Du
76 Nachklang
77 Begegnung
79 Die Tage des Glücks
82 Gedanken
84 Deine Augen
85 Der Wind legt Flügel ab
87 Ich liebe die Welt
88 Draußen
89 Die Bereitschaft

Vorwort

An Dich!

Du wunderst Dich und fragst Dich, warum ich den Titel gewählt habe:

„Im Winter Blüten sehen"
Liebesgedichte, nicht nur für junge Leute

Ist es nicht eine Freude, junge Menschen zu sehen, die verliebt sind? Die mit strahlendem Selbstverständnis ihr Zusammen-gehören nach außen sichtbar zeigen? Eigentlich nimmt niemand Anstoß daran. Eher erwächst ein wenig Neid, etwas Sehnsucht nach dem Frühling der Liebe.
Oft habe ich mich schon gefragt, ob es nur das Vorrecht der Jugend ist, Zärtlichkeiten so selbstverständlich sichtbar zu machen. Ich denke manchmal, jetzt, wo wir reifer sind, mehr von innen geformt, Freude, hohe Zeit der Liebe, Enttäuschung und Leid durchlebt haben, jetzt heißt es: „Du wirst ruhiger!"
Junge Leute sagen: „Was wollt ihr denn, mit Vierzig ist sowieso alles gelaufen."

Es ist aber nicht so, daß nur die Jugend das Kronrecht auf die Liebe besitzt. Ich stelle mit Bestürzung fest, jetzt, da ich die Mitte des Lebens überschritten habe, daß ich überhaupt nicht ruhiger, nicht gleichgültiger und auch nicht weniger empfänglich für Impulse von außen geworden bin. Nein! Eher bin ich empfindsamer, sensibler, sehnsüchtiger und hungriger geworden. Versteckt, verschämt und heimlich hungrig. Nicht nach Brot, sondern nach Liebe. Nach Wärme, Zärtlichkeiten, nach Anlehnen können und den soviel beredeten „Streicheleinheiten"!

Und was sagt die sogenannte Gesellschaft, der wir unterwürfig sind, ohne daß es uns bewußt ist?
Dein Leben muß dir in dem dir zugewiesenen Maße ausreichen. Händchen halten, sich küssen auf der Straße oder sich einfach vor lauter Freude um den Hals fallen, das schickt sich jetzt nicht mehr. In dem Alter doch nicht! Junge Leute sagen es dir knallhart ins Gesicht. „Bei euch spielt sich eh nichts mehr ab. Also, was wollt ihr denn! Wenn man solange verheiratet ist, hat man sich nicht mehr auf der Straße zu küssen."
Wenn ich das schon höre! –

Verzeih! Die Gedanken, die mich beschäftigen und die ich krampfhaft versuche in Worte zu fassen, will ich nicht daran aufhängen, aber dieses Beispiel steht symptomatisch für Vieles. Warum sollen wir uns eigentlich nicht mehr vor anderen küssen?

Warum?
Warum nicht?

Jetzt, wo dem heißen Spiel die ernüchternde (gewiß) durchlebte, durchlittene und glückliche Zeit der Liebe gefolgt ist, jetzt, wo ich mich wirklich mit allem für „Ihn“ entschieden habe, jetzt soll es sich nicht mehr schicken, Zärtlichkeiten auch zu zeigen?
Ich akzeptiere das nicht!

Warum soll ich jetzt, wo ich liebesfähiger und leidensfähiger geworden bin, warum soll ich jetzt nicht mit allem was ich bin, Liebe erleben können?
Viele Gedanken sind in meinem Kopf schon herumgeschwirrt. Aufgetaucht und nie zu Ende gedacht.
Wann fängt für den Menschen die Vereinsamung an?
Das langsame Erfrieren von innen?
Vielleicht schon in der Jugend –, bestimmt aber in der Mitte des Lebens. Es gäbe ein Buch darüber zu schreiben, nur über dieses Thema – sich Zuneigung zeigen können und vom sich nicht mehr trauen.
Psychologen halten viele Gespräche als Lebens-und Partnerhilfe über dieses Thema.
Wieviele Ehepaare erfrieren mit zunehmendem Alter daran, weil sie sich mit Zeichen der Liebe nicht mehr gegenseitig Sicherheit und Wärme geben?
Fängt es nicht oft damit an, daß einer sagt: „Hör doch auf, das schickt sich nicht! Was sagen auch die Leute!“
Gerade in der Lebensblüte, wo du empfindungsstark und voll Tiefe erleben kannst, wirst du dauernd beschnitten oder du beschneidest dich selber und

merkst es garnicht. Ich sehe es an alten Menschen, die den Partner verloren, vergeblich eine Hand zum Wärmen suchen. Wir wundern uns, warum sie oft nur noch in der Vergangenheit leben, warum sie oft verbittert und so verletzend werden können. Sie erfrieren nach innen, niemand schenkt ihnen eine kleine Geste körperlicher, spürbarer Liebe. Sie kann Leben für den nächsten Tag bedeuten. Ohne Liebe lohnt es sich nicht zu leben, und niemand macht sich lächerlich, wenn er liebt.
Liebe sucht einen Weg zum Anderen. Der Weg ist ein Zeichen. Das Geschenk an den Anderen.

Mit diesem Buch möchte ich mutvoll ein Zeichen setzen.

Vielleicht hilft es Dir, daß auch Du mal

„Im Winter Blüten sehen kannst!“

Kisslegg, im August 1987

Anne Maier-Schäfer

Was ist Glück?

Ein kurzer Moment
des Vergessens. –
Die Sorgen versinken
wie Monde im Meer. –
Das Herz füllt sich weit –
mit dem Atem
der Freude. –
Wollust und
Weinen beflügeln
die Seele.

Das ist Glück! –

In der Sekunde

In der Sekunde
verändert das Schicksal
Gewohnheit –
vermeintliches Anrecht
auf Glück.
Fragwürdig
stehen Zweifel im Raum
und vieles
was grundsätzlich
so wichtig erschien,
ist klein, –
vorbei, –
wie Schall verflogen.

Hoffnung ist Leben!

Umsonst

Umsonst
wartet mein Sehnen
auf Worte und Zeichen.

Die Rede
vom Ende
und der Freiheit
des Andern
sind Lüge,
einfach nicht wahr!

Weggehen
macht klar,
was zusammen bedeutet
und Liebe vereint –
füllt sich mit Zeit!

Umsonst
wartet mein Sehnen
auf Worte
und Zeichen.

Auch wenn der Abschied
gewollt ist,
die Sehnsucht,
sie bleibt!

In mir weint es

In mir
weint es! –
So erstickt
das Feuer! –
Die Blume welkt, –
tot liegt der Acker,
niemand
besät das Land! –
Wind fehlt! –
Beängstigend still
dehnt sich die Nacht!

In mir weint es!

Erwartung

Sich strecken, –
die Zukunft
in rosa Wolken stecken,
Wärme spüren,
Gefühl
für Zeit verlieren.

Im Winter
Blüten sehen,
träumend
über Wälder gehen,
Duft von Haut,
mir sehr vertraut. –

– Liebe? –

„Jeder Tag
ist ein neues Geschenk
des Himmels
an die Erde."

A.M.Sh.8

Lebenshunger

Gier
nach Fülle.
Seelennot.
Anfang,
Ende,
Scham,
nicht Stille.

Warten,
Hoffen,
einfach nehmen.

Wagen,
bleiben,
alles geben,
keine Fragen,
satt
im Brot,
alles wollen,
viel bekommen.

Angst vor Tod!

Tränen aus Liebe

Gewärmt
aus Deinem Herzen,
blutend
in der Sehnsucht,
glücklich
in der Stunde,
die Du mir schenkst,
erfüllend,
weil Du bei mir bleibst.

– Tränen aus Liebe! –

Weh' mir

Weh' mir, –
wenn das Glück mich verläßt!
Weh' mir!

Die Angst wird mich lähmen,
Dunkelheit mich umfangen
und Schmerz
die Tränen einschließen.

Weh' mir, –
wenn das Glück mich verläßt!
Weh' mir!

Kraftlos bleibt mein Schrei,
trostlos die Nacht
und einsam
die Hülle des Lebens.

Weh' mir, –
wenn das Glück mich verläßt!
Weh' mir!

Genügend zum Freuen
und Liebe, wie Saat,
Zeit zum Sammeln
für jeden Tag!

Weh' mir!

Immer wieder

Immer wieder
durchschüttelt
die Glut mein Herz, –
reißt alles auf,
was unverwundet war;
und blutet hin
zum Anderen, –
möcht Geben, Halten, Fühlen,
bis zum tiefsten Schmerz –
und bleiben in der Liebe
tiefstem Glück.
Doch alles
endet!

Unverhofft

Unverhofft
fällt Sonne
ins Haus.
Beginnt mit
Frohmut der Tag,
blüht die
Knospe am Hag.

Unverhofft
kommt Glück
auf Dich zu.
Bleibt Zeit
für Dich stehn.
Empfindest Du
Liebe beim Gehn?

Ganz unverhofft!

Warum

Warum
können die Tränen
nicht sterben! –
Einfach verschwinden
wie Tropfen im Gras
und Freude
den Atem des Lebens
erleichtern?

Warum
drückt uns so trostlos
das Leben zu Boden,
deckt gnadenlos zu
was aus Hoffnung geboren?

Immerzu
bleibt uns die Frage
von Stunde zu Stunde.

Es gibt Liebe

Es gibt Liebe, –
die nicht endet.
Die reift,
wie Frucht in der Sonne
bis zum Tod!
In der Trennung,
im Verzicht.

Es gibt Liebe,
die bleibt,
das Leben hier überdauert.

27

Eines steht fest

Ich igle mich ein!
So schnell wird keiner mehr
Kraft von mir zehren. –
Auch wenn meine Seele
am meisten dran leidet,
– ich igle mich ein! –

Es ist Zeit,
daß ich selbst
mir das Glas wieder fülle.
Nur in der Stille
fällt langsam
die Brandung zurück.

Zu viel vom Gestein
meiner Seele zerbrach. –
Mich selbst
trifft die Schuld, –
daß mein Wesen erschüttert,
die Gefühle verloren
und das
Brennen mir bleibt;
die Angst bis zur Kehle,
den Atem mir nimmt
und trotzdem
das Sehnen
mich ruhelos treibt.
So steht es fest –

– ich igle mich ein! –

Warten

Warten
macht müde,
und langsam
stirbt die Hoffnung
ins Gras.
VORBEI!

Fassungslos
steh ich am Rande
des Abschieds, –
nicht einmal Tränen
füllen die Leere.
VORBEI!

Eigenartig,
wie wenig ich leide.
Die Zeit ist gemessen –
und Stunde um Stunde
reiht sich das Leben
wie eine Kette
von Freude und Leid.
Immer
VORBEI!

Umsonst

Umsonst ist das Warten,
auf den Blick,
der Verstehen bringt.

So achtlos
wird wertvolles Lieben zertreten –
in der Mühle
des Alltags, der Oberflächlichkeit
der Stunde und dem
Selbstverständnis des Daseins.

Obwohl nur eine
winzige Geste
die Liebe zum Blühen bringen würde.

Beschütze mich!

Beschütze mich!
Wenn Wärme mich umfängt,
fällt jeder Schauer ab! –
Wird fruchtbar jedes Wort,
flieht meine Sorge fort,
grünt mir der Frühling
in den Träumen,
wird Blumenpracht
den fremden Weg mir säumen,
bleibt Ruhe
trotz der Hast an jedem Tag
und Hoffnung,
die mich trösten mag,
so bitt' ich Dich, – beschütze mich!

Beschütze mich!
In Deiner Kraft geborgen
lern ich das rechte Maß!
Dann werd' ich Angst vertreiben,
in Liebe bei Dir beiben,
kann ich die fremde Straße
mutig gehen,
laß ich den Sturm
an mir vorübergehen,
bleibt Zeit,
– auch wenn sie schnell zerrinnt, –
und Glück,
das immer wieder neu beginnt,
drum bitt' ich Dich, – beschütze mich!

Weinen möcht ich

Weinen
möcht ich. –
Doch trocken
sterben die Tränen!

Schreien
möcht ich. –
Aber
zu hoch ist der Preis.

Bleibt nur die Hoffnung.

Schlaf deckt zu

Tränen,
die die Augen füllen,
Wehmut,
Herzweh
und Alleinsein.

Schlaf deckt zu,
Hoffnungen. –
Angst der Seele,
Müdigkeit
und Lebenshunger.

Schlaf deckt zu. –
Sorgen,
Tageslast,
Bürde, die Dir schwerfällt.
Abschiednehmen
und verzichten.

Schlaf deckt zu!

„Liebe
fängt jeden Tag
neu zu brennen an.

Man darf nur die Glut
nie ausgehen lassen
und das Anpusten nicht vergessen!“

A. v. Sch. 86

Ich lebe

Ich
lebe
lerne
lache
leiste
liebe
laufe
lahme

bin!

Ich
warte
sehne
suche
rufe
schaue
höre
lausche

– hin!

Alles ist Hoffen
und Hoffnung ist
LEBEN!

Warum sind mir die Tränen so nah

Warum
sind mir
die Tränen so nah,
wenn das Glück
für Sekunden
Einlaß gefunden?

Warum
füllt sich
die Seele mit Not,
wenn mich
Liebe erfüllt?

Entschädigt
für Stunden
des Darbens,
des Frierens,
des Krankseins
tief drinnen?

Warum
bleibt mir
die Trauer?

Würde dies Glück
mich sonst töten?

Warum?

Warten

Stimmen hallen!
Schatten wandern!
Du kommst
nicht –

Menschen eilen!
Autos rasen!
Du kommst
nicht. –

Ich wandre zum Fenster,
zum Tisch und zur Tür,
Du kommst
nicht. –

Warten macht krank!
Schnürt die Seele zusammen,
birgt Fragen und Ängste, –

– drum komm! –

Ich liebe dich

Deine Stimme,
Deine Haut,
alles ist mir so vertraut,
wie Tage –
die jeden Morgen
beginnen,
Wolken,
die im Licht zerrinnen,
wie Schnee,
der mir in der Hand
zerfällt,
wie alles Schöne
auf dieser Welt. –

so lieb ich Dich!

Spontan

Spontan
fallen die Worte,
wie Hagel
aufs Dach,
zerschmettern die
Schalen der Liebe,
zersprengen
die Tropfen der Güte
und
niemand findet
die Reste der Wahrheit.

Alles zerbricht!

Hinter Mauern

Hinter Mauern
versteckt sich –
Not,
die nicht schreien kann.
Sorge,
die schamvoll errötet.
Wehmut,
die bleich zerfällt
und Glück,
das sich verboten
erlebt.

Hinter Mauern
versteckt sich –
Jugend,
die vor sich selber erschrickt.
Greise,
die Gefühle
zeigen möchten.
Und der Mensch,
der einsam
im Tod zerfällt.

„Freunde
die unser Leben begleiten,
sind wie Meilensteine
und
zweites Ich!“

AM.Sch.86

Kennst Du des Lebens Überraschungen?

Sie überfallen die Tage
mit Nebel
und flutendem Licht.

Sie füllen die Seele
mit Liebe und Hoffen,
begraben die Stunden
des Schmerzes mit Sand.

Freude ist wertvoll,
bereichert das Leben,
läßt leichter ertragen
und Hoffnung erblühen.

Leben ist Fülle
der Tage und Stunden!

Ich liebe dich

Liebe
ist oft Leiden! –

Die Lüsternheit
ist Selbstbetrug
und Sehnsucht
die in weite Ferne schweifte,
vergißt
nur allzu leicht
den Glanz, der ständig sie umgibt.

Ich liebe Dich
von ganzem Herzen,
mit Schmerzen
die wie Messer graben,
wie Tageswunsch
und Hunger
auf ein frisches Brot.

Ich liebe Dich,
auch wenn Dir
alle sagen,
Du lebst im Traum. –
Mein Traum
ist weit entflogen
und wenn Du weinen kannst
dann wird es gut!

Der Tag

Der Tag,
der mir zum Abschied wurde,
bleibt stehen,
wie die Uhr,
die ihren Sinn
zu schlagen,
einfach aufgegeben hat!
Unnütz die Zeit!

Der Tag,
der Anfang, Mitte
und zum Ende wurde,
läßt sterben
ohne Tod,
weil weiterleben
keinen Sinn mehr hat!
Unnütz die Zeit!

Der Tag,
der mir so trostlos wurde,
birgt Anfang –
wie ein Baum,
der seinen Stand verloren
und trotzdem
einen neuen Platz
gefunden hat!
Wo bleibt die Zeit?

Wege

Wege treffen sich,
Gedanken finden sich
und Wünsche
vereinen sich im Heut. –
Du bist da!

Blumen öffnen sich,
Sehnsucht lähmt mich,

Du bist da!
Erwartung wächst in mir.
Glück erfüllt mich,
Wärme weitet mich,
das Jetzt füllt Hoffen aus.
Du bist da!

Liebe kann wehtun

Liebe kann wehtun!
Liebe ist oft Leiden,
für sich selber,
Stille halten,
Dulden,
Einsamkeit tragen,
Hoffnung haben
und Brände durchlaufen.

Aber Liebe
ist fühlen, –
beisammen bleiben
und nie enden wollen!

Begegnung

Begegnung,
heiß und unberechenbar,
doch sehr bewußt geplant.

Intensität,
die Angst erzeugt.
Hunger,
der nie aufhört.
Wehmut,
die nicht weint.
Glück,
wie Anfang
und wie Ende,
vereinend,
in der Seele traurig.
Erleben,
das im Wort verstummt,
nur Bilder sucht,
tief innen.
Farben,
die sich lösen.
Ende,
das wie Alptraum lastet.
Glück,
das sich nicht halten läßt.

Vorübergehen macht krank.
Schmerz sehnt nach Vergängnis.
Liebe wünscht sich
Bleiben!

Spuren

Spuren von Glück
liegen auf meiner Haut.
Wärme
hält mich
von innen gefangen
und leicht
fällt der Alltag
für heut
aus der Zeit!

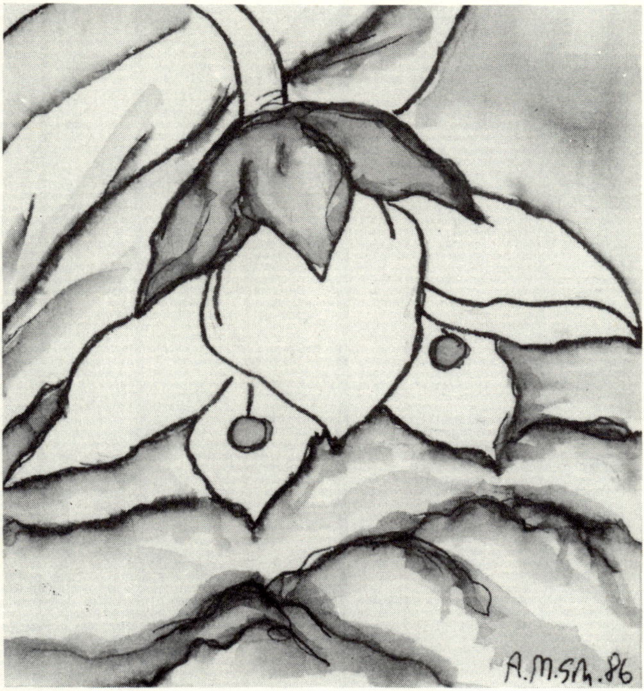
A.M.Sm.86

Hoffen

Hoffen betrügt die Seele
und schiebt die Wahrheit
wie Wolken zur Seite.

Trügerisch
füllt sich die Stunde mit Freude,
und doch –
weiß sich die Wahrheit
ans Licht zu setzen.

Alles verdrängen
hat keine Zukunft!
Hart ist die Stunde, –
wie Hagel im Sommer!

Hoffnung ist alles,
auch wenn sie wie Rauch
in die Lüfte enteilt;
wir brauchen sie dringend, –
weil spärlich die Sonne des Glücks
unsere Stunde erfreut!

53

Wenn Du mich anschaust

Wenn Du
mich anschaust,
fliehen die Sorgen,
bleibt fröhlich
der Morgen,
ist kurz der Tag!

Wenn Du
mich anschaust,
ist Leid vorbei,
fühlt sich Luft
wie im Mai,
kann kommen,
was mag.

Wenn Du mich nur
anschaust!

Die Enttäuschung

Die Enttäuschung ist es,
die in meiner Seele blutet.
Verwundet
liegt der letzte Kern
der Liebe,
der mich so unumstößlich,
scheinbar fest
mit Dir verband.

Alles,
was so wertvoll schien,
zerbarst im
Licht der Stunde.
Zersplittert liegt das
Leitbild eines Lebens,
– Spiegelbild im Nichts –
und voller Scherben
brennt die Straße mich
wie Meer und Sand.

Unentwegt

Unentwegt
läuft Zeit davon,
das Wasser zu Tal,
tragen Menschen viel Not,
kommt ein Baum
zu Fall!

Unentwegt
eilen Fliegen
zum Licht.
Bricht sich Sonne
im Strahl,
wiegen Äste im Wind,
hält die Liebe
uns warm.

Unentwegt!

Dieses Sehnen

Dieses Sehnen
macht mich noch krank, –
erfüllt mich mit Wehmut
und Trauer tief drinnen.

Worte
sind so machtlos
gegen Weinen
von
INNEN!

Was bleibt mir heut?

Was bleibt mir heut?
Herzschmerzen,
Wehklagen,
Einsamkeit
und warten?

Was bleibt mir heut?
Hoffnung haben,
Zufriedenheit,
Müd sein,
Du sagen?

Was bleibt mir heut?
Lebendigsein,
Ruhe gönnen,
Innigkeit,
Lieben können.

Das – bleibt mir heut!

Verdorrt

Verdorrt
liegen Blätter!

verdorrt
sterben Worte!

verdorrt
ist die Liebe?

Armut der Seele!

Teil meines Lebens

Ungewollt, –
wie Tau
besprengt am Morgen,
leicht sich öffnend
im Licht der Sonne,
Schönheit
strahlend! –

Mein Leben
erfüllt sich
in Deinem. –

Teil meines Lebens
bist Du!

Nicht im Schatten erzwungen.
Neben –
und in mir,
unfaßbar nah.

Nie erhofft!
In Liebe gefunden.
Beschenkt –
ohne ein Wort.
Verwurzelt, –
zum Lebensbaum geworden.
Nahrung der Seele?

Teil meines Lebens!

Weißt Du?

Weißt Du,
daß Einsamkeit
bereichern kann? –
Leid, – stärken
und Ende
Hoffen bringt?

Weißt Du,
daß Tränen
erleichtern können,
Stille redet –
und Dunkel
zum Licht dringt?

Weißt Du,
daß Hergeben,
beschenkt. –
Weinen, Herzen öffnet –
und in der Trauer
neues Leben erblüht?

Weißt Du's?

Leben umfängt uns

Leben umfängt uns,
hüllt ein,
birgt Zartheit
und Größe,
fordert Kraft und
Dehnen,
aber umfängt mit
Liebe und Wärme.

Laßt uns Leben – leben!

Das Spiel ist aus!

Blätter fallen,
Wolken
tragen Glanz hinweg
und einsam
bleibt ein letzter Rest
vom Ernte-tragen!

Der Tag
neigt sich zum Ende.
Die Schatten
dunkeln hin zur Nacht.
Der Strahl des Glücks
versinkt.
Das Spiel ist aus!

Vorbei – das Quirlen hier
im Dunst des Morgens.
Vorbei – das Flirten,
wenn das Licht sich beugt.
Vorbei die Liebe,
die so einsam mir erblühte,
gewachsen, –
unbeachtet,
bis zur Krone
festlich sich erneuernd.

Der Sturm löscht Feuer.
Das Spiel ist aus!

Nicht so

Nicht so –
soll der Tag enden,
mit Schweigen,
im Vorwurf
und saurem Brot.
Nicht so!

Nicht so –
soll die Liebe enden,
in Streit,
in der Kälte,
und Haß zum Tod.

Nicht so –
soll mein Leben enden,
in Leere,
in Bitternis
und einsamer Not!

Nicht so!

Verlangen nach Liebe

Verlangen nach Liebe,
ist Hineinfallen wollen,
nicht nur Nah-sein der Seele,
nein, –
spüren von Haut
und Geruch
in der Nähe.

Die kleinste Bewegung
bringt das Innere
in Flammen,
brennt lodernd zum Du
und vereint sich
im Anderen.

Nachher

Ruhe,
tausend Stunden lang,
wohlig,
sanft,
und ohne Zwang.
Müdigkeit,
Seligkeit.

Zeit bleibt stehn!

Traurigkeit

Traurigkeit
füllt mich
von innen!

Trotz
Morgenrot
und leichtem Flug
der Schwalben,
trotz
Sonnenwärme,
Duft von Rosen
und Jasmin,
dem sanften Werben
um mich her –
und Liebe
die mich stets begleitet
mit Halt
und Selbstverständlichkeit.

Traurigkeit
füllt mich
von innen!

Ich denk an Dich

Ich denk an Dich,
wenn ich nicht
schlafen kann. –
Wenn Träume
sich wie Netze
vor die Seele spinnen,
wenn Tränen
leise von den Augen
rinnen,
wenn einem müden Abend
kaum ein Morgen
folgen kann,
denk ich an Dich!

Ich denk an Dich!
Wenn ich nicht
hoffen kann. –
Wenn Zeit
das Heute einfach
ungefragt zur Seite stellt
und Zukunft
mich umfängt,
obwohl das Glück der Stunde
mich noch hält,
wenn dieses Jetzt
das Ende schon
bedeuten kann,
denk ich an Dich!

Verwundungen

Verwundungen
an meinem Lebensbaum
verbluten Kraft,
die ich so nötig brauche.

Von außen
fallen Messer
auf mich ein,
zerschneiden Wert
und Haltung
ohne Rücksicht
auf Gefühle,
tief im Innern.

Machtlosigkeit
lähmt jedes Wollen –
und im Schweigen
flüchtet Liebe
in die Einsamkeit.

Der Schnitt
trifft in die Lebensader,
wie Mahnung
hin zum Tod.

Nur in der Stille
wachsen Wurzeln,
die mir Haltung bringen
für jetzt und morgen.

Berühr mich nicht!

Ich kann es nicht
ertragen.
Es ist wie Feuersglut
und wilde Gier,
die mich umfängt,
sobald Du nur
in meine Nähe kommst.

Bleib weit von mir –
dann läuft mein
Weg gerade
und erträglich.

Bin ich gesundet,
möcht ich
wieder nah zu Dir!

Gestern

Gestern
blieb mir der Atem stehen –
Du standest im Raum.

Alles,
was ich meinte
schon in Erinnerung zu halten,
war Irrtum.

Meine Seele umflog Dich
wie lose Flügel im Morgenwind.

Die Kühle war Tarnung.
Weit schob ich Dich weg,
einfach aus Stolz
nur begehrt zu werden
aus der Minute, –
derweil hätt' ich alles gegeben
für eine Umarmung.

Ich bin nicht Du

Ich bin nicht Du, –
wirst Du das nie begreifen.
Türen fallen zu.
Glas zerspringt
im Innern
und Scherben bleiben
hoffnungslos zerbrochen!

Ich bin nicht Du, –
Auch wenn Du's
noch so möchtest.
Mein Leben
wächst aus anderen Wurzeln,
und Berg und Täler
vieler Jahre
prägen mein Gesicht.

Ich bin nicht Du, –
wir sollten's so belassen.
Uns beide eint die Liebe.
Freud' und Kummer
säumt den gleichen Weg.
Keiner wird den
andern je verlassen,
trotzdem bin ich –
nicht Du!

„Wenn Du
zuviel erwartest, –
bricht ein Luftschloß zusammen,
trittst Du ins Leere,
bleibt wenig
zu hoffen,
ist Trost – weit! –

Fängst Du am besten
von vorne an!“

Nachklang

Langsam verflüchtigt sich –
Rausch,
Sinnestaumel,
aufgewühltes Ansichreißen
und Verschenken.

Langsam
holt der Alltag ein,
ernüchternd,
fremd,
nicht anregend
und nicht schmerzvoll.

Langsam
löst sich
Wirrnis auf in Klarheit,
Disonanz
in Harmonie.

Einklang – Erinnern!
Du und ich.
Ich und Leben!

Begegnung

Im Licht von gestern
bleibt mir
ein Glanz
von morgen.

Worte,
sparsam
nur gesprochen,
verschenkt im Stillsein
alter Mauern.

Gefühle,
sanft
und sehr verborgen,
die wie Schatten
efeuschwer
nach oben klettern.

Zweisamkeit
im Seelenboden endend –
wie Stein und Asche,
seit ew'gen Zeiten
eine Erde bilden.

Fruchtbar
war der Tag –
und nur der Wind
der Zeit,
verflüchtigte das Glück,
das maienfroh
den Weg betrat.

Jetzt
zehrt die Seele
von der Fülle
dieses Spiegelbildes
und wirft
ein Dauerleuchten, –
stumm
der Nacht entgegen.

Die Tage des Glücks

Die Tage des Glücks
sind vorbei.
Meine Seele friert,
wie die Rose im Mai –
wirre Träume
wecken mich auf.

Körperlich
fühl ich den Schmerz
des Vorbeiseins. –
Kein Werben von außen
berührt mich.
Alles hat sich verändert!

*„Im Leben
entscheiden Sekunden
über Hoffnung
und Angst!“*

Gedanken

Der Gedanke
der Hoffnung
läßt mich nicht los,
erfüllt meine Seele
wie Tau
auf dem Moos,
wie Tropfen im Gras,
wie Risse im Glas!

Wenn alles zerbricht, –
sanft
fällt das Licht
über die Mauer des Lebens.

Vergebens
dehnt sich der Wind
durch das Tal.
Allemal,
wenn der Sturm vorbei,
erwacht
ein Morgen
aufs Neu'!

Man nimmt
man gibt
man liebt
man stirbt
ich bin ich!

Man will
man kann
man soll
man tut's
ich bin ich!

Ich nehme
ich gebe
ich liebe
ich sterbe
ich bin ich!

Ich will
ich kann
ich soll
ich tu's
ich bin ich!

Deine Augen

Deine Augen
bleiben
in mir haften,
malen Bilder
voller Wärme,
lassen fühlen
wie ein Kind!

Deine Liebe
läßt
die Sehnsucht
in mir wachsen,
hoffend,
jede Stunde
neu beginnt!

Dein Begehren
zerbricht
mir fast den Leib,
doch dieses Glück
füllt alles,
Zeit und Ewigkeit!

Der Wind legt Flügel ab

Der Wind
legt Flügel ab. –
Wünsche
in der Seele
bleiben totgeboren.

Aschfahle Tagesmüh
zerstiebt
der Hoffnungswurzel
Schimmer
und Liebe,
die wie Frühlingsrauschen
durch die Bäume weht,
sucht sich vergeblich
festen Stand
in Zeit
und Ewigkeit.

Der Sturm
wirft
Früchte ab.

Enttäuschung
sägt der Lebensströme
Ader durch
und blutend
weint die Sehnsucht
sich ins Grab.

Der Wind legt
Flügel ab. –
Wünsche in der Seele
bleiben
totgeboren.

Ich liebe die Welt

Ich liebe die Welt
mit geschlossenen Augen.

Die Sonne,
das Meer,
das Säuseln im Wind.
Den Tau,
den Regen,
wie der Tag beginnt.

Ich liebe die Welt
mit geschlossenen Augen. –

Das Gras,
die Wolken,
ein kleines Kind,
den Morgen,
den Abend –
daß wir sind.

Ich liebe die Welt
mit geschlossenen Augen. –

Den Duft,
die Rose,
die Schwalbe im Flug.
Den Bach,
den Wald, –
ist das genug?

Draußen

Draußen
ist so viel Not!
Ich danke dem Tag,
der vergänglich beginnt,
schnell zerrinnt,
sich füllt,
verweilt,
fraglos enteilt.

Draußen
wartet der Tod!
Ich lebe dem Heut. –
Freu mich der Stunde
die mir geschenkt,
zur Beseelung
drängt,
nichts verneint.

Die Bereitschaft

Die Bereitschaft
zu fühlen
darf niemals enden!

So
wie im Samen
sich Leben erneuert,
wie die Sonne
die Erde erwärmt,
so soll der Wille
zum Leben
mir bleiben.

Die Bereitschaft
zu fühlen,
darf niemals enden!

Mein Lebensstrom
ist noch nicht
im Meer
und quellender Anfang
nie auszuschließen.
Jedes Beginnen
sucht neue Ufer
und jeder Tag
bringt die Erde zur Frucht.

Die Bereitschaft
zur Liebe
darf niemals enden!

ANNE MAIER-SCHÄFER

Geboren 1938 in Leutkirch/Allgäu. Lebt in Kisslegg im Allgäu.

Pädagogin, Malerin und Schriftstellerin
Seit 1994 1. Vorsitzende des FDA Landesverbandes Baden-Württemberg
Mitglied der Mundartgesellschaft e.V. Baden-Württemberg
Mitglied des Internationalen Bodenseeclubs und des Literaturkreises „Signatur"

Auszeichnung:
Literaturpreis 1994 der Landeszentrale für politische Bildung.

Bücher:
„Einfach so", Gedichte
3. Auflage, Franz Brack Verlag, 87452 Altusried

„Der gefallene Stern", Weihnachtserzählungen
Franz Brack Verlag , 87452 Altusried oder
Verlag für Heimatpflege, 87439 Kempten/Allgäu

„Wolkenflüge voller Lächeln", Gedichte
Vergriffen, 2. Auflage 1996, edition böhner, 68199 Mannheim 24

„Do goht dr 's Herz auf", Heimatbuch in Dialekt
Erhältlich bei Anne Maier-Schäfer, Kisslegg

„Im Winter Blüten sehen"
Liebesgedichte nicht nur für junge Leute
2. Auflage 1995, Verlag Wilfried Eppe, 88368 Bergatreute

Veröffentlichungen in Zeitungen, Zeitschriften und im Rundfunk.
Mitarbeit an Büchern von R. Krenzer im Herder-Verlag und im Lahn-Verlag

ANNE MAIER-SCHÄFER

Im Winter Blüten sehen

Liebesgedichte nicht nur für junge Leute
Mit Zeichnungen von Anne Maier-Schäfer

Diese Texte von Anne Maier-Schäfer aus Kisslegg im Allgäu entstammen einem Urquell des Menschlichen: der Sehnsucht nach Geborgenheit und nach tiefer Begegnung in der Liebe. – Dabei wird Liebe nicht festgelegt auf das jugendliche, frühlingshafte Erwachen, auf das erste Erröten, auf die Zeit des jungen, vitalen Aufbruchs, der sich deutlich abzeichnet im leib-seelischen Spannungsgefühl und im Austausch der Zärtlichkeit.
Hier spricht ein Mensch aus der Mitte der Lebensreife. Er weiß um die Spannung der Bewährung, um das immer neu Anfangenmüssen, um die Rhythmen des Lebens in der ersten Wandlung der Gefühle. Er kennt die Tränen der Verzagtheit und des Abschieds. Er spürt die Wehmut um das ausgeschöpfte Gestern und die Angst um das erhoffte Morgen, um das Bleiben im Glück.
Dieser Mensch gibt sensibel und offen Erfahrungen preis, im Kaleidoskop der Liebe gleichsam, in dem sich Hunger und Zartheit, Traurigkeit, Sorge und Glück, Wartenkönnen und Berauschtsein farbig mischen zur Wirklichkeit und Ganzheit des Lebens. Reifung ist gefordert und die „Bereitschaft zur Liebe, die niemals enden darf“.
Die kleinen Vignetten der Autorin wirken wie Apercus der Zartheit, in denen sich Schau und Erfahrung spiegeln und die Wortaussagen auf neuer optischer Ebene selbständig vertiefen. Vielleicht offenbaren sie in ihrer Einfachheit einen Hauch jener unberührten Schönheit des Voralpenlandes, in der Anne Maier-Schäfer lebt und erlebt.

P. Drutmar Cremer O.S.B.